Business French 3
Parallel Text
Management
Short Stories
French - English

Copyright © 2016
Polyglot Planet Publishing

www.polyglotplanet.ink

© Polyglot Planet

Business French 3

Learning Business French with parallel text is the most rewarding and effective method to learn a language. Existing vocabulary is refreshed, while new vocabulary is instantly put into practice. Our stories evolve around French business in management making the terms and phrases easier to remember in the learning process.

Learning Business French 3 with Parallel Text is recommended for beginners with a good basis of French-, intermediate level learners and as a refreshers course. The stories have been written to keep the readers attention and are fun to read for you to learn through your motivation.

What is Parallel Text?

There are various strategies to learn a foreign language. An important and increasingly popular method in language learning is reading parallel texts, also known as "bilingual texts" or "interlinear texts". Parallel texts include the translation in the learner's native language either below or next to the target language. Parallel text works best for Indo-European languages, as grammar, syntax and quite often vocabulary can be similar. This makes it easier to compare, process and memorise sentence structures, vocabulary and idioms.

Using parallel texts is a great way to learn a new language. Being able to use the new vocabulary in context helps students memorise the new words in different forms more quicker. For those who simply need to refresh their language skills, parallel text helps quickly revive some of those old brain connections!

Parallel texts give immediate feedback to the student, eliminating the need to look-up other recourses such as dictionaries or online translation tools. Moreover, comparing words, phrases and idioms in the two languages is incredibly useful for memorising them and becoming familiar with the sentence structure, which can increase your grammar skills while avoiding boring and often complicated theory! Most importantly, the language you are learning is put directly into context.

Although some linguists argue that learners should engage in 3-4 hours of learning a day, 20-30 minutes a day of reading a parallel text is more than enough. That makes parallel text a fantastic addition to the language course you might already be taking!

Other Business French Books:

Business French (1)
Parallel Text
Short Stories

Business French (2)
Parallel Text
Marketing
Short Stories

Business French (3)
Parallel Text
Management
Short Stories

Business French (4)
Parallel Text
Finance & Accounting
Short Stories

Business French (5)
Parallel Text
Industry & Trade
Short Stories

Table of Contents

PARALLEL TEXT	8
Parallel Text - Someone is getting Hung Out to Dry	9
Parallel Text - The Jury is out	20
Parallel Text - The Writing on the Wall	34
FRENCH	44
Quelqu'un est suspendu pour le séchage	45
Le dernier mot n'a pas encore été dit	50
L'inscription sur le mur	57
ENGLISH	62
Someone is getting Hung Out to Dry	63
The Jury is out	67
The Writing on the Wall	73
Recommended Books	77

PARALLEL TEXT

Quelqu'un est **suspendu pour le séchage**
*Someone is getting **Hung Out to Dry***

Les négociations duraient toute l'après-midi jusqu'au soir.
Negotiations lasted all afternoon and into the evening.

Des **représentants** de *Impulse Corporation* ont exercés une pression brutale sur les **associés** de *Century Clothiers*.
***Representatives** from Impulse Corporation were applying brutal pressure on the **shareholders** at Century Clothiers.*

Dans leurs efforts, ils **n'ont rien négligé** pour convaincre les membres étant conscients du besoin urgent, de mettre en question et de supprimer le management dans leur entreprise.
*They were leaving **no stone unturned** in their efforts to convince members present of the urgent need to both challenge and remove management at their organisation.*

« Ils doivent être remplacés.
"They need to be replaced.

L'incompétence se propage.
Incompetence is rampant.

Si vous avez des doutes, regardez le **rapport annuel** du dernier trimestre.
*If you have any doubts look at the **financial statements** from last quarter.*

Bon sang, oubliez le dernier trimestre, regardez l'année entière !
Damn, forget about last quarter, look at the whole year!

Le **développement commercial** est misérable ! »
***Business operations** are abysmal!"*

Le plus grand des trois hommes, qui s'était présenté comme James Wiggins, tirait un mouchoir froissé de la poche de son costume et tâtait son front.
The taller man of the three who had introduced himself as James Wiggins pulled a rumpled handkerchief from his suit pocket and patted his forehead.

Les deux autres hommes n'étaient jamais vraiment présentés, mais certains des co-associés de Century Clothiers pensaient que ce pourraient être des avocats ; soit ceci ou

des gardes du corps.
The other two men were never properly introduced, but some of John Albert's fellow shareholders from Century Clothiers thought they might be lawyers; either that or they were bodyguards.

Ils étaient des grands hommes qui restaient sans émotions tout le long du meeting.
They were big men who remained expressionless during the entire meeting.

John les regardait de près pendant que Wiggins parlait.
John was looking at them carefully while Wiggins spoke.

Des avocats, pensait-il ; leurs mais étaient trop petits.
Lawyers he thought; their hands were too small.

John demandait une interruption de séance.
John asked for a break in the proceedings.

« Laissez-nous manger quelque chose », disait-il.
"Let's stop for dinner", he asked.

Il se demandait si l'on pouvait entendre du désespoir de sa voix.

He wondered to himself whether there was any desperation in his voice.

Il avait besoin d'un café, mais il savait qu'il prendrait une boisson forte dès que les portes de l'ascenseur s'ouvraient au foyer.
He needed a coffee, but he knew it would turn into a stiff drink as soon as the elevator doors opened up onto the lobby floor.

L'**Assemblée générale annuelle** se réunissait cet après-midi uniquement pendant quelques heures et déjà l'humeur dans la salle était triste.
*The **annual general meeting (AGM)** had only met for a few hours this afternoon and already the mood in the room was dark.*

La suite de Wiggins provenait d'Impulse Corporation, un groupe fort et puissant d'entreprises de confection à succès à la tête du marché depuis des années.
The Wiggins entourage were from the Impulse Corporation, a strong and powerful group of successful clothing companies who had been leading the market for years.

Une des entreprises les plus fortes dans le **conglomérat** était Stitches, un fabriquant de jeans denim. Ils allaient probablement devenir la tête de cette offre **d'approvisionnement**.

*One of the most powerful businesses in the **conglomerate** was Stitches, a denim jean manufacturer. They were likely spearheading this **procurement** bid.*

Ils avaient des dents pointues et une énorme fortune et ils aimaient se servir des deux.
*They had sharp teeth and enormous **assets** and they liked to use both.*

Century Clothiers était une entreprise asiatique de confection et de **production** textile.
*Century Clothiers was an Asian garment and textile **manufacturing** company.*

L'entreprise **entretenait** beaucoup d'**usines** de confection d'Asie du Sud-Est.
*The company **operated** much of South East Asia's garment **factories**.*

John Albert estimait que l'entreprise possédait presque quarante pour cent des confectionneurs du monde, dont la plupart était domiciliée à l'étranger.
John Albert estimated the company owned close to forty percent of the world's clothing manufacturers most of which were located overseas.

John Albert serrait son portable avec ses mains

en sueur.
John Albert held his sweaty hands tightly on his cell phone.

Pendant que l'ascenseur descendait au hall, il examinait ses options directes.
While the elevator descended to the lobby he considered his immediate options.

Il devait agir et cela rapidement.
He had to act and quickly.

Il appelait son contact au siège de Century Clothiers et demandait une conférence **téléphonique**.
*He called his contact at Century Clothiers head office and asked for a **conference call**.*

Quand les portes de l'ascenseur s'ouvraient, Albert discutait avec quelque-uns de ces collèges.
By the time the elevator doors opened on the lobby floor, Albert was talking busily with a number of his colleagues.

„Je vous dis, ça sent une **offre publique d'achat hostile**.
*"I'm telling you, it stinks of a **hostile takeover**.*

Ma proposition est d'établir un **groupe de gestion de crise**.

*My suggestion to you is to get a **crisis management** team together immediately.*

Vous devez correctement **évaluer** la situation si vous voulez faire face à ce **rachat** de façon préparée.
*You'll need to **assess** this situation properly if you want to be prepared to face this **buy-out** successfully.*

Ils tiennent responsable les **bénéfices** peu élevés, une **direction** faible et une **vision** aveugle.
*They are blaming poor **profits**, weak **leadership and** blind **vision**.*

Ils remettent en question l'**efficacité** du management.
*They are challenging the **effectiveness** of management.*

C'est sur l'**agenda** de ce soir et je pense qu'ils n'ont pas d'intérêt à prendre des prisonniers. »
*It's on the **agenda** tonight and I'm thinking they have no interest in taking prisoners.*

Une voix larmoyante interrompait Albert.
A whiny voice interrupted Albert.

« Notre groupe de gestion de crise n'a pas donné d'indication qu'une chose comme celle-

ci est en train de se passer ! »
*"There has been no indication from our **risk management** team that anything like this was about to happen!"*

Albert était frustré entre-temps.
Albert was frustrated by now.

« Peut-être qu'ils n'ont pas fait attention », aboyait-il.
"Maybe, they weren't paying attention", he barked.

La ligne à l'autre bout était interrompue.
The line went dead at the other end.

Quelqu'un avait perdu un signal.
Someone had lost a signal.

Le dîner durait plus longtemps qu'Albert avait estimé.
Dinner took longer than Albert expected.

Il annulait le repas rapide et commandait du fromage grillé à la place.
He gave up on the quick meal and ordered grilled cheese instead.

Il éclairait le barman avant de partir.

He glared at the bartender before leaving.

„Éventuellement, les propriétaires veulent envisager une étude de **gestion du temps** », exprimait Albert.
*"The owners might want to consider a **time management** study", Albert said.*

Le barman regardait amusé et était juste en train de répondre quand il remarquait qu'Albert était déjà parti.
The bartender looked amused and was about to respond when he noticed Albert had already gone.

Il n'y avait pas de temps à perdre.
There was no time to waste.

La séance générale des associés continuait.
The AGM was about to resume.

Des **voix** allait être données et des décisions prises.
***Ballots** would be cast and **decisions** made.*

On peut espérer que quelqu'un du siège allait agir avant qu'il soit trop tard.
Hopefully, someone at head office would decide to act before it was too late.

L'impulsion bousculait son poids.
Impulse was pushing its weight around.

Cela allait être intéressant de voir comme ses **co-associés** allaient affronter la chaleur.
*It would be interesting to see how his **fellow shareholders** handled the heat.*

Quand il ouvrait les portes de la salle de conférence il se demandait lui-même en plaisantant, quand est-ce que la dernière **analyse de concurrence** avait bien été faite chez Impulse Corporation.
*As he opened the door to the meeting room he asked himself jokingly when the last **competitor analysis** might have been done on Impulse Corporation.*

Personne ne répondait.
No one answered back.

Pendant que chacun dans la salle retournait à sa chaise, Albert méditait quel individu présent lors de la conférence téléphonique précédente souffrait de **procrastination**.
*While everyone in the room was making their way back to their chairs, Albert mused about which individual in on the earlier conference call was now suffering from **procrastination**.*

Il n'avait pas besoin de **vote à mains levées** pour cela.
He didn't need a show of hands on this one.

C'était probablement l'**employé** avec la voix larmoyante.
It was probably the staffer with the whiny voice.

Le dernier mot n'a pas encore été dit
The Jury is out

Le hall de l'hôtel était inondé de costumes et de porte-noms.
The hotel lobby was awash with suits and name tags.

Les actionnaires restaient cloutés sans but.
*The **shareholders** were standing around with nowhere to go.*

Par contre Albert se sentait plus mis à terre, malgré le tournant triste des événements.
Albert, on the other hand, felt more grounded despite the sad turn of events.

Il allait en direction bar de l'hôtel et commandait un café espresso.
He headed for the hotel bar and ordered an espresso.

Il devait rester vigilant.
He needed to remain alert.

Pendant qu'il était assis tout seul à une table près de la fenêtre, une grande voiture noire se

garait devait l'hôtel.
While sitting by himself at a window table Albert noticed a large black car park in front of the hotel.

Le conducteur descendait rapidement et ouvrait la porte arrière quand un homme âgé se poussait lui-même de son siège.
The driver exited quickly and opened the back door as an older man pushed himself from his seat.

L'homme était Rossi, CEO de Century Clothiers.
The man was Rossi, CEO of Century Clothiers.

Derrière lui suivaient deux hommes plus jeunes et bien plus grands qui étaient manifestement des gardes du corps.
Following behind him were two younger and much larger men who were unmistakably bodyguards.

Il semblait comme si Rossi avait des espions à lui dans l'hôtel.
It appeared that Rossi had his own spies in the hotel.

En quelques minutes trois hommes tournaient autour de la table d'Albert comme des rapaces.
Within minutes the three men were hovering

over Albert's table like birds of prey.

« Albert, pourquoi n'avons-nous pas été informés plus tôt de ce développement », disait Rossi.
"Albert, why were we not informed of this development earlier", said Rossi.

« Pardon, plaisantait Albert, mais je ne savais rien de la **déclaration sous serment** jusqu'à la publication lors du meeting. »
*"Sorry, Albert quipped, but I didn't know anything about the **sworn affidavit** until the announcement at the meeting."*

« C'est vrai ? » aboyait Rossi.
"Is that right?" Rossi barked.

Nous allons voir qui en est le fautif.
We will see who is to blame for this.

J'ai prévu une réunion pour demain.
I have a meeting slated for tomorrow.

Je vais vous informer quand elle aura lieu.
I'll let you know when.

Nous avons demandé au président de notre division indienne de participer également.

We have sent a request for the president of our Indian division to attend as well.

Quelqu'un va payer. »
Someone will pay."

Albert voyait comme Rossi se tourne, se retire dans le hall et se rapproche ensuite au prochain ascenseur.
Albert watched Rossi turn, retreat back into the lobby and then move towards the closest elevator.

Qu'est-ce qu'il voulait dire avec « Quelqu'un va payer ? »
What did he mean by, "someone will pay?"

Il semblait comme un étrange choix des mots face au fait que la déclaration sous serment était toujours scellée.
It seemed like an odd choice of words given the sworn avadavat was still sealed.

A ce moment là, personne ne connaissait le contenu de l'enveloppe, sauf l'expéditeur.
At this point no one knew the contents of the envelope with the exception of the sender.

Le dirigeant de la division indienne était une femme nommée Sharma : une femme adorable

et cultivée, tant qu'Albert pouvait se souvenir.
The head of the Indian division was a woman by the name of Sharma: a delightful and educated woman from what Albert could remember.

Il avait fait sa connaissance il y a quelques années quand elle dirigeait une des plus petites usines dans la région.
He had met her years ago when she managed one of the smaller factories in the region.

Aussi adorable qu'elle était, Albert ne pouvant pas imaginer qu'elle était une mauviette.
As delightful as she was, Albert never imagined her to be a pushover.

La réunion demain allait s'avérer comme intéressant pour tous les participants.
Tomorrow's meeting would prove interesting for all who attended.

Rossi hurlait dans la salle de réunion de l'hôtel attribuée comme un directeur d'école en colère qui est en train de gronder son élève.
Rossi roared into the assigned hotel meeting room like an angry school principal about to scold his students.

Sharma était arrivée quelques minutes avant Albert et prenait place silencieusement.

Sharma had arrived a few minutes earlier than Albert and was seated quietly.

Elle semblait calme. Il était vingt-quatre heures plus tard.
She appeared calm. It was twenty-four hours later.

„Quelqu'un a entendu quand est-ce que l'assemblée générale annuelle continue ? »
"Has anyone heard when the AGM is to reconvene?"

Albert répondait immédiatement.
Albert answered promptly.

« Ça ne va plus durer longtemps.
"It won't be much longer.

Ils gardent les actionnaires ici jusqu'à ce que les nouveaux papiers soient révélés. »
They are holding the shareholders here until the new paperwork is revealed."

Rossi regardait irrité.
Rossi looked perturbed.

« Alors quelqu'un peut donner des renseignements pourquoi je suis ici et pas à la

maison où je devrais être ? »
"So, can anyone here shed any light on why I am here and not at home where I should be?"

Sharma brisait la glace en premier.
Sharma was the first to break the ice.

« Je peux vous le dire, Monsieur Rossi, nos collaborateurs ont effectués une **évaluation** profonde pour l'année passée et les changements remarquables ont eu lieu après trois incendies.
*"I can tell you Mr. Rossi, our people have done a thorough **assessment** for the last year and the most remarkable changes occurred following the three fires.*

Après les incendies à Mumbai et à Manille un **cash-flow négatif** a été enregistré.
*A **negative cash flow** was indicated after the fires in Mumbai and Manila.*

Les **coûts des ventes** dans les deux centres étaient normaux, mais les bénéfices étaient frappés.
***Cost of sales** in both centres were normal, but profits still took a beating.*

Nos **comptes de résultats économiques** pour le dernier trimestre montraient quelques irrégularités frappantes.

*Our **earnings statement** for the last quarter showed some glowing irregularities.*

Les divergences enregistrées suffisaient pour garantir une étude plus détaillée. »
The discrepancies noted were sufficient to warrant a more detailed study."

Sharma continuait son rapport et se rapportait de temps en temps à des notes.
Sharma continued her report referring to notes on occasion.

Albert se penchait en avant sur sa chaise pour écouter ses connaissances attentivement.
Albert was leaning forward in his chair listening intently to her findings.

Rossi était de plus en plus agité.
Rossi was growing restless.

La division indienne de Century Clothiers a fait une surprenante bonne figure dans la dernière décennie sous la direction de Sharma.
The Indian division of Century Clothiers had been doing surprisingly well over the last decade under Sharma's leadership.

Ce qui a commencé en groupe d'entreprises de confection en mauvais état organisé de façon

informelle florissait sous ses directives.
What had begun as a loosely organised group of poorly run garment shops blossomed wonderfully under her tutelage.

Le management était centralisé, les conditions de travail améliorées et un bon salaire était offert aux travailleurs qui couvrait les coûts de la vie d'après les standards indiens.
Management was centralised, working conditions improved and workers provided a good living wage by Indian standards.

Sharma et son groupe de management concevaient dans leur division à propre mains une culture d'entreprise qui était envié par les collègues du management dans le groupe international.
*Sharma and her management group singlehandedly carved out a **company culture** in her division which was envied by fellow managers in the international group.*

La performance opérative de leur division était régulièrement **soumise à un benchmarking** avec les autres divisions du groupe international avec un résultat positif.
*Her division's operating performance had been **benchmarked** regularly with other divisions in the international group with positive outcome.*

L'analyse des lacunes résultante était inestimable pour une évaluation de la **performance** divisionnaire.
*The resulting **gap analysis** was invaluable in assessing the division's **performance**.*

L'équipe de management a régulièrement utilisé des **systèmes d'information de conduite** pour soutenir l'allocation des ressources, des nouvelles stratégies et des prises de décision d'après la priorité.
***Executive Information Systems** were used regularly by the management team to support resource allocation, new strategies and priority decision making.*

Rossi se tournait furieux vers Sharma.
Rossi turned to Sharma angrily.

„Vu votre attestation de performance impressionnante, qu'est-ce qui a exactement changé dans la Division Operation qui a causé ces conséquences dramatiques sur l'entreprise », demandait-il.
*"So given your impressive performance record, what exactly shifted in the division operation to cause such a dramatic **impact** on business?" he asked.*

« Vous avec déjà lancé une **évaluation des**

effets ? »
*"Have you initiated an **impact evaluation** yet?"*

Sharma ne se laissait pas intimider par le vieil homme.
Sharma wasn't going to be intimidated by the old man.

Rossi avait clairement peu de respect pour la femme et sa haine contre les femmes devenait visible.
Rossi clearly had little respect for the woman and his misogyny was becoming obvious.

« Une évaluation des effets n'est pas nécessaire, Monsieur », répondait-elle sarcastiquement.
"An impact evaluation isn't necessary, Sir", she responded sarcastically.

Curieusement, notre **enquête interne** révélait quelques activités du personnel de l'entreprise qui attiraient immédiatement notre attention.
*"Interestingly enough, our **internal investigation** revealed some activities by **company personnel** that instantly caught our attention.*

L'entreprise d'assurance recrutée qui devait offrir la protection d'assurance pour nos **biens**

immobiliers, meubles et matériels dans notre division a été **dissoute** une année avant les incendies.
*The insurance company enlisted to provide coverage for our **properties, equipment and materials** in our division was **terminated** a year prior to the fires.*

A sa place, une nouvelle entreprise a été chargée et après les incendies, les primes pour tous les biens immobiliers montaient en flèche.
A new company was hired in its place and subsequent to the fires premiums skyrocketed on all properties.

L'**argent de récupération** de l'entreprise d'assurance a été **détourné** à trois emplacements lors des projets de reconstruction et la plus grande partie de l'argent a été détournée sur un **compte numéroté** à Londres.
***Replacement funds** from the insurance company were **misappropriated** on the rebuilding projects on all three sites and the majority of funds were re-channeled to a **numbered account** in London.*

Le compte numéroté consistait de plusieurs entreprises dont une était l'entreprise d'assurance concernée. »
The numbered account consisted of several companies, one of which was the insurance

company in question"

Rossi était en train d'interrompre quand Albert se levait.
Rossi was about to interrupt when Albert rose to his feet.

« Et le compte numéroté, Monsieur Rossi, appartient à une Valérie Beckham, duquel il s'agit bien sûr du nom de jeune fille de votre femme. »
"And the numbered account, Mr. Rossi, belongs to a Valerie Beckham, which, of course, is your wife's maiden name".

Sharma se levait à ce moment et cherchait un brin de remords dans le visage du vieil homme.
Sharma stood up at this point as well and searched the old man's face for some semblance of remorse.

Il n'y en avait pas.
There was none.

Quand les deux employés de Century Clothiers allaient vers la porte, elle s'ouvrait.
As the two employees of Century Clothiers walked towards the door, it opened.

Dehors dans le hall, un procureur de district attendait que ce soit son tour.
Outside in the lobby a district attorney was waiting for his turn.

Albert se tournait avant de partir.
Albert turned before leaving.

« Le conseil d'administration va prescrire du **contrôle** à ce moment des négociations. »
*"The Board of Directors will issue **governance** at this point in the proceedings."*

„Le jeune homme qui attend dehors a également quelques autres sujets regardant l'incendie desquels il aimerait parler… il semble que votre femme ne soit pas intéressée à prendre la chute sur elle.
"The young man waiting outside also has some other issues to discuss pertaining to arson and such...it seems your wife isn't interested in taking the fall on this one."

L'inscription sur le mur
The Writing on the Wall

Dans la salle, il y avait une activité fébrile.
The room was buzzing with activity.

Les actionnaires retournaient aux chaises qui leur étaient assignées.
*The **shareholders** were heading back to their assigned chairs.*

Un serviteur de banquet plus âgé avec des problèmes clairs de mobilité manœuvrait lourdement autour des derniers arrivés qui entraient dans la salle.
An elderly banquet server with distinct mobility issues was manoeuvring poorly around the last stragglers entering the room.

Albert observait la scène depuis sa chaise.
Albert watched the scene from his chair.

Des **pratiques de discrimination positives** étaient quelque chose que le management de l'hôtel prenait au sérieux.
***Affirmative Action practices** were something hotel management took seriously.*

On ne tolérait pas la **discrimination par l'âge** ici.
***Ageism** was not being tolerated here.*

Bravo pour eux, se disait-il, mais pour combien de temps le serviteur mettra pour trouver sa sortie ?
Bravo for them, he thought, but how long would it take the server to make his exit?

Un goulot de bouteille se développait aux portes et la réunion devait déjà commencer très prochainement.
There was a bottleneck developing at the doors and the meeting was only minutes away from starting.

« Quelqu'un devrait donner un déambulateur à cet homme » soupirait un actionnaire.
"Someone should give that man a walker", one shareholder groaned.

Son accompagnateur roulait des yeux et hochait de la tête pour approuver.
His companion rolled his eyes and nodded in agreement.

Par chance, le vieil homme avait enfin trouvé un chemin dans le labyrinthe des actionnaires et était retourné à la cuisine en sécurité.
Luckily, the old man had finally discovered a

way out in the maze of shareholders and was now safely back in the kitchen.

Lors de l'appel pour la réunion, Albert réfléchissait à propos du CEO de Century Clothes.
As the meeting was called to order, Albert thought about the CEO of Century Clothiers.

Peut-être qu'il était simplement trop vieux comme le serviteur de l'hôtel pour exercer effectivement ce job.
Maybe, he was like the hotel server; just too old to do his job effectively.

Albert était secrètement étonné si son chef devait reprendre la responsabilité pour cette crise menaçante.
Albert wondered privately whether his boss should be assuming any responsibility for this impending crisis.

Le CEO de Century Clothiers était un homme de mi-soixante-dix.
The CEO of Century Clothiers was a man in his mid-seventies.

Il n'était pas particulièrement inhabituel de voir un homme de son âge **au gouvernail** d'une grande entreprise, mais cet homme avait son nombre d'ennemis, même dans ses propres

rangs.
*It wasn't particularly unusual to see a man of his age **at the helm** of a large corporation, but the man did have his share of detractors, even among his own ranks.*

Il aurait pu être au gouvernail, mais il restait à savoir si il naviguait le bateau dans la bonne direction ou gâchais simplement du temps sur la mer rugueuse et allait faire l'entreprise encore plus vulnérable pour des voleurs.
*He might have been at the helm but the question remained whether he was steering the ship in the right direction or just **lollygagging** in rough seas making himself and the company more vulnerable to predators.*

Albert, **cadre** supérieur dans l'entreprise, avait travaillé sous Rossi, son CEO, pendant presque vingt ans durant son mandat.
*Albert, a senior **manager** with the firm had worked under Rossi, the CEO for almost twenty years of his tenure.*

Rossi s'était aligné son chemin parmi les rangs durant les plusieures décennies et était récompensé après sa retraite avec sa position finale comme vice-président d'Operations.
Rossi had worked his way up through the ranks over the many decades and was awarded his final position after retiring as Vice President of

Operations.

Albert se rappelait que l'année avant la retraite, Rossi était catastrophique pour l'entreprise.
Albert recalled the year prior to Rossi's retirement had been disastrous for the company.

Après coup, les directives strictes du **principe de Peter** auraient pu être négligées dans le cas de Rossi.
*In retrospect, the strict guidelines of the **Peter Principle** might have been overlooked in Rossi's case.*

Les **indicateurs de performance** qui étaient utilisés pour évaluer Rossi lors de sa tâche n'étaient pas toujours positifs.
***Performance indicators** used to assess Rossi at his task were not always positive.*

Albert se souvenait que lors de sa responsabilité pour Operations, cet homme était seulement capable de gérer sa **position de pouvoir** en utilisant des **mesures coercitives**.
*Albert remembered while the man was in charge of **Operations**, the only way he knew how to manage from a **power position** was using **coercive power** methods.*

Rossi n'était jamais marié avec un code d'éthique quelconque pendant la **direction d'Operations**.
*Rossi was never married to any code of **ethics** while **running Operations**.*

Les chances sont bonnes parce que le CEO n'avait pas changé son programme.
Chances are as CEO his game plan hadn't changed.

Les statistiques du **rendement brut** pour l'année précédente qui menaient à la réunion étaient bonnes, mais les **bénéfices bruts** enregistraient une baisse.
***Gross revenue** statisticsics for this last year, leading up to the meeting, were good but **Gross Profits** had dropped.*

« Quelque chose est pourri à l'état de Danemark », [remarque du rédacteur : est utilisé pour décrire la corruption ou une situation dans laquelle quelque chose ne cohére pas].
"Something is rotten in the state of Denmark," [Editor Note: used to describe corruption or a situation in which something is wrong].

Abert réfléchissait. Mais ce n'était pas le Danemark.

Albert thought. But it wasn't Denmark at all.

C'était vraisemblablement quelque chose ou quelqu'un à Mumbai où se trouvaient la plupart des usines de confection de l'entreprise.
It was likely something or someone in Mumbai where the majority of the company's garment factories were located.

Albert sentait une goute de sueur qui se formait à l'arrière de son cou.
Albert felt a bead of perspiration forming at the back of his neck.

Il sentait d'un coup, juste dans cet instant la pression à laquelle il était soumis étant ici où il se trouvait.
He was suddenly feeling the pressure of being where he was at that precise moment in time.

Sa loyauté envers l'entreprise vacillait.
*His **loyalty** to the company was wavering.*

Quelque chose ne cohérait pas !
Something was wrong!.

Deux incendies dans des usines de confection dans les sept derniers mois à Mumbai et une il y trois semaines à Manille avaient fait la une des médias partout dans le monde.

Two garment factory fires in the last seven months in Mumbai and one three weeks ago in Manila had made headlines across the globe.

Même si personne n'avait été blessé lors des incendies un dégât considérable a été causé sur les trois immeubles.
While no one was injured in the fires there was considerable property damage to the three buildings.

L'entreprise ne devait pas uniquement **absorber** quelques examens critiques de leurs participations extérieures par la presse, mais aussi les **coûts fixes** montaient en flèche de l'autre côté.
*Not only did the company have to **absorb** some critical reviews of their foreign holdings by the press, but **fixed costs** were skyrocketing on the other side of the world.*

Les **immobilisations** avaient également à prendre quelques coups durs.
***Fixed assets** were also taking some serious blows.*

Quand cela se passait, Rossi était silencieux mais aussi évasif.
While all this was going on Rossi was both silent and elusive.

Cadre supérieur comme Albert étaient dépendant de refuser des interviews de presse et de rester muet lors de discussions d'événements tristes.
Senior managers like Albert were instructed to refuse press interviews and remain mute on discussions pertaining to the sad events.

Encore plus curieux était pour Albert la demande d'en haut d'observer l'assemblée générale annuelle.
Even stranger to Albert was the request from upstairs to monitor the AGM.

Peut-être qu'au début de la journée, ça ne donnait pas de sens, mais maintenant il **connectait les points**.
*He might not have been any the wiser at the beginning of the day, but now suddenly he was **connecting the dots**.*

Wiggins et ses réunions arrière-salle devaient avoir eu des effets.
Wiggins and his backroom meetings must have made some impact.

Quand il y a eu enfin l'appel pour l'assemblée générale annuelle, une déclaration avait lieu que le vote allait être retardé par quelques jours jusqu'à ce que les avocats de l'entreprise aient pu examiner une **attestation sous**

serment qui leur était fournie par une source inconnue.
*When the AGM was finally called to order it was announced that voting would be delayed for several days until company lawyers could examine a **sworn affidavit** provided to them by an unknown source.*

Albert n'était pas surpris.
Albert wasn't surprised.

Il avait le soupçon depuis quelque temps.
He had been harbouring suspicions for some time now.

Il ne se sentait pas obligé de faire le rapport à ses contacts au **siège**.
*He didn't feel compelled to **report** back to his contacts at **head office**.*

L'inscription était au mur et quelque chose lui disait qu'ils le savaient déjà.
The writing was on the wall and something told him they already knew.

FRENCH

Quelqu'un est **suspendu pour le séchage**

Les négociations duraient toute l'après-midi jusqu'au soir. Des **représentants** de *Impulse Corporation* ont exercés une pression brutale sur les **associés** de *Century Clothiers*. Dans leurs efforts, ils **n'ont rien négligé** pour convaincre les membres étant conscients du besoin urgent, de mettre en question et de supprimer le management dans leur entreprise.

« Ils doivent être remplacés. L'incompétence se propage. Si vous avez des doutes, regardez le **rapport annuel** du dernier trimestre. Bon sang, oubliez le dernier trimestre, regardez l'année entière ! Le **développement commercial** est misérable ! »

Le plus grand des trois hommes, qui s'était présenté comme James Wiggins, tirait un mouchoir froissé de la poche de son costume et tâtait son front. Les deux autres hommes n'étaient jamais vraiment présentés, mais certains des co-associés de Century Clothiers pensaient que ce pourraient être des avocats ; soit ceci ou des gardes du corps. Ils étaient des grands hommes qui restaient sans émotions tout le long du meeting. John les regardait de près pendant que Wiggins parlait. Des avocats, pensait-il ; leurs mais étaient trop petits.

John demandait une interruption de séance. « Laissez-nous manger quelque chose », disait-il. Il se demandait si l'on pouvait entendre du désespoir de sa voix. Il avait besoin d'un café, mais il savait qu'il prendrait une boisson forte dès que les portes de l'ascenseur s'ouvraient au foyer.

L'**Assemblée générale annuelle** se réunissait cet après-midi uniquement pendant quelques heures et déjà l'humeur dans la salle était triste. La suite de Wiggins provenait d'Impulse Corporation, un groupe fort et puissant d'entreprises de confection à succès à la tête du marché depuis des années. Une des entreprises les plus fortes dans le **conglomérat** était Stitches, un fabriquant de jeans denim. Ils allaient probablement devenir la tête de cette offre **d'approvisionnement**. Ils avaient des dents pointues et une énorme fortune et ils aimaient se servir des deux.

Century Clothiers était une entreprise asiatique de confection et de **production** textile. L'entreprise **entretenait** beaucoup d'**usines** de confection d'Asie du Sud-Est. John Albert estimait que l'entreprise possédait presque quarante pour cent des confectionneurs du monde, dont la plupart était domiciliée à l'étranger.

John Albert serrait son portable avec ses mains en sueur. Pendant que l'ascenseur descendait au hall, il examinait ses options directes. Il devait agir et cela rapidement. Il appelait son contact au siège de Century Clothiers et demandait une conférence **téléphonique**. Quand les portes de l'ascenseur s'ouvraient, Albert discutait avec quelque-uns de ces collèges.

„Je vous dis, ça sent une **offre publique d'achat hostile**. Ma proposition est d'établir un **groupe de gestion de crise**. Vous devez correctement **évaluer** la situation si vous voulez faire face à ce **rachat** de façon préparée. Ils tiennent responsable les **bénéfices** peu élevés, une **direction** faible et une **vision** aveugle. Ils remettent en question l'**efficacité** du management. C'est sur l'**agenda** de ce soir et je pense qu'ils n'ont pas d'intérêt à prendre des prisonniers. »

Une voix larmoyante interrompait Albert. « Notre groupe de gestion de crise n'a pas donné d'indication qu'une chose comme celle-ci est en train de se passer ! »

Albert était frustré entre-temps. « Peut-être qu'ils n'ont pas fait attention », aboyait-il.

La ligne à l'autre bout était interrompue. Quelqu'un avait perdu un signal.

Le dîner durait plus longtemps qu'Albert avait estimé. Il annulait le repas rapide et commandait du fromage grillé à la place. Il éclairait le barman avant de partir.

„Éventuellement, les propriétaires veulent envisager une étude de **gestion du temps** », exprimait Albert. Le barman regardait amusé et était juste en train de répondre quand il remarquait qu'Albert était déjà parti.

Il n'y avait pas de temps à perdre. La séance générale des associés continuait. Des **voix** allait être données et des décisions prises. On peut espérer que quelqu'un du siège allait agir avant qu'il soit trop tard.

L'impulsion bousculait son poids. Cela allait être intéressant de voir comme ses **co-associés** allaient affronter la chaleur. Quand il ouvrait les portes de la salle de conférence il se demandait lui-même en plaisantant, quand est-ce que la dernière **analyse de concurrence** avait bien été faite chez Impulse Corporation. Personne ne répondait.

Pendant que chacun dans la salle retournait à sa chaise, Albert méditait quel individu présent lors de la conférence téléphonique précédente souffrait de **procrastination**. Il n'avait pas besoin de **vote à mains levées** pour cela. C'était probablement l'**employé** avec la voix larmoyante.

Le dernier mot n'a pas encore été dit

Le hall de l'hôtel était inondé de costumes et de porte-noms. Les actionnaires restaient cloutés sans but. Par contre Albert se sentait plus mis à terre, malgré le tournant triste des événements. Il allait en direction bar de l'hôtel et commandait un café espresso. Il devait rester vigilant.

Pendant qu'il était assis tout seul à une table près de la fenêtre, une grande voiture noire se garait devait l'hôtel. Le conducteur descendait rapidement et ouvrait la porte arrière quand un homme âgé se poussait lui-même de son siège. L'homme était Rossi, CEO de Century Clothiers. Derrière lui suivaient deux hommes plus jeunes et bien plus grands qui étaient manifestement des gardes du corps.

Il semblait comme si Rossi avait des espions à lui dans l'hôtel. En quelques minutes trois hommes tournaient autour de la table d'Albert comme des rapaces.

« Albert, pourquoi n'avons-nous pas été informés plus tôt de ce développement », disait Rossi.

« Pardon, plaisantait Albert, mais je ne savais rien de la **déclaration sous serment** jusqu'à la publication lors du meeting. »

« C'est vrai ? » aboyait Rossi. Nous allons voir qui en est le fautif. J'ai prévu une réunion pour demain. Je vais vous informer quand elle aura lieu. Nous avons demandé au président de notre division indienne de participer également. Quelqu'un va payer. »

Albert voyait comme Rossi se tourne, se retire dans le hall et se rapproche ensuite au prochain ascenseur. Qu'est-ce qu'il voulait dire avec « Quelqu'un va payer ? » Il semblait comme un étrange choix des mots face au fait que la déclaration sous serment était toujours scellée. A ce moment là, personne ne connaissait le contenu de l'enveloppe, sauf l'expéditeur.

Le dirigeant de la division indienne était une femme nommée Sharma : une femme adorable et cultivée, tant qu'Albert pouvait se souvenir. Il avait fait sa connaissance il y a quelques années quand elle dirigeait une des plus petites usines dans la région. Aussi adorable qu'elle était, Albert ne pouvant pas imaginer qu'elle était une mauviette. La réunion demain allait s'avérer comme intéressant pour tous les participants.

Rossi hurlait dans la salle de réunion de l'hôtel attribuée comme un directeur d'école en colère qui est en train de gronder son élève. Sharma était arrivée quelques minutes avant Albert et prenait place silencieusement. Elle semblait calme. Il était vingt-quatre heures plus tard.

„Quelqu'un a entendu quand est-ce que l'assemblée générale annuelle continue ? »

Albert répondait immédiatement. « Ça ne va plus durer longtemps. Ils gardent les actionnaires ici jusqu'à ce que les nouveaux papiers soient révélés. »

Rossi regardait irrité. « Alors quelqu'un peut donner des renseignements pourquoi je suis ici et pas à la maison où je devrais être ? »

Sharma brisait la glace en premier. « Je peux vous le dire, Monsieur Rossi, nos collaborateurs ont effectués une **évaluation** profonde pour l'année passée et les changements remarquables ont eu lieu après trois incendies. Après les incendies à Mumbai et à Manille un **cash-flow négatif** a été enregistré. Les **coûts des ventes** dans les deux centres étaient normaux, mais les bénéfices étaient frappés. Nos **comptes de résultats économiques** pour le dernier trimestre montraient quelques irrégularités frappantes. Les divergences enregistrées suffisaient pour garantir une étude plus détaillée. »

Sharma continuait son rapport et se rapportait de temps en temps à des notes. Albert se penchait en avant sur sa chaise pour écouter ses connaissances attentivement. Rossi était de plus en plus agité.

La division indienne de Century Clothiers a fait une surprenante bonne figure dans la dernière décennie sous la direction de Sharma. Ce qui a commencé en groupe d'entreprises de confection en mauvais état organisé de façon informelle florissait sous ses directives. Le management était centralisé, les conditions de travail améliorées et un bon salaire était offert aux travailleurs qui couvrait les coûts de la vie d'après les standards indiens. Sharma et son groupe de management concevaient dans leur division à propre mains une culture d'entreprise qui était envié par les collègues du management dans le groupe international.

La performance opérative de leur division était régulièrement **soumise à un benchmarking** avec les autres divisions du groupe international avec un résultat positif. **L'analyse des lacunes** résultante était inestimable pour une évaluation de la **performance** divisionnaire. L'équipe de management a régulièrement utilisé des **systèmes d'information de conduite** pour soutenir l'allocation des ressources, des nouvelles stratégies et des prises de décision d'après la priorité.

Rossi se tournait furieux vers Sharma.

„Vu votre attestation de performance impressionnante, qu'est-ce qui a exactement changé dans la Division Operation qui a causé ces conséquences dramatiques sur l'entreprise », demandait-il. « Vous avec déjà lancé une **évaluation des effets** ? »

Sharma ne se laissait pas intimider par le vieil homme. Rossi avait clairement peu de respect pour la femme et sa haine contre les femmes devenait visible.

« Une évaluation des effets n'est pas nécessaire, Monsieur », répondait-elle sarcastiquement. Curieusement, notre **enquête interne** révélait quelques activités du personnel de l'entreprise qui attiraient immédiatement notre attention. L'entreprise d'assurance recrutée qui devait offrir la protection d'assurance pour nos **biens immobiliers, meubles et matériels** dans notre division a été **dissoute** une année avant les incendies. A sa place, une nouvelle entreprise a été chargée et après les incendies, les primes pour tous les biens immobiliers montaient en flèche. L'**argent de récupération** de l'entreprise d'assurance a été **détourné** à trois emplacements lors des projets de reconstruction et la plus grande partie de l'argent a été détournée sur un **compte numéroté** à Londres. Le compte numéroté consistait de plusieurs entreprises dont une était l'entreprise d'assurance concernée. »

Rossi était en train d'interrompre quand Albert se levait.

« Et le compte numéroté, Monsieur Rossi, appartient à une Valérie Beckham, duquel il s'agit bien sûr du nom de jeune fille de votre femme. »

Sharma se levait à ce moment et cherchait un brin de remords dans le visage du vieil homme. Il n'y en avait pas. Quand les deux employés de Century Clothiers allaient vers la porte, elle s'ouvrait. Dehors dans le hall, un procureur de district attendait que ce soit son tour.

Albert se tournait avant de partir. « Le conseil d'administration va prescrire du **contrôle** à ce moment des négociations. »

„Le jeune homme qui attend dehors a également quelques autres sujets regardant l'incendie desquels il aimerait parler... il semble que votre femme ne soit pas intéressée à prendre la chute sur elle.

L'inscription sur le mur

Dans la salle, il y avait une activité fébrile. Les actionnaires retournaient aux chaises qui leur étaient assignées. Un serviteur de banquet plus âgé avec des problèmes clairs de mobilité manœuvrait lourdement autour des derniers arrivés qui entraient dans la salle. Albert observait la scène depuis sa chaise. Des **pratiques de discrimination positives** étaient quelque chose que le management de l'hôtel prenait au sérieux. On ne tolérait pas la **discrimination par l'âge** ici. Bravo pour eux, se disait-il, mais pour combien de temps le serviteur mettra pour trouver sa sortie ? Un goulot de bouteille se développait aux portes et la réunion devait déjà commencer très prochainement.

« Quelqu'un devrait donner un déambulateur à cet homme » soupirait un actionnaire. Son accompagnateur roulait des yeux et hochait de la tête pour approuver. Par chance, le vieil homme avait enfin trouvé un chemin dans le labyrinthe des actionnaires et était retourné à la cuisine en sécurité. Lors de l'appel pour la réunion, Albert réfléchissait à propos du CEO de Century Clothes. Peut-être qu'il était simplement trop vieux comme le serviteur de l'hôtel pour exercer effectivement ce job. Albert était secrètement étonné si son chef devait reprendre la responsabilité pour cette crise menaçante.

Le CEO de Century Clothiers était un homme de mi-soixante-dix. Il n'était pas particulièrement inhabituel de voir un homme de son âge **au gouvernail** d'une grande entreprise, mais cet homme avait son nombre d'ennemis, même dans ses propres rangs. Il aurait pu être au gouvernail, mais il restait à savoir si il naviguait le bateau dans la bonne direction ou gâchais simplement du temps sur la mer rugueuse et allait faire l'entreprise encore plus vulnérable pour des voleurs.

Albert, **cadre** supérieur dans l'entreprise, avait travaillé sous Rossi, son CEO, pendant presque vingt ans durant son mandat. Rossi s'était aligné son chemin parmi les rangs durant les plusieurs décennies et était récompensé après sa retraite avec sa position finale comme vice-président d'Operations. Albert se rappelait que l'année avant la retraite, Rossi était catastrophique pour l'entreprise. Après coup, les directives strictes du **principe de Peter** auraient pu être négligées dans le cas de Rossi.

Les **indicateurs de performance** qui étaient

utilisés pour évaluer Rossi lors de sa tâche n'étaient pas toujours positifs. Albert se souvenait que lors de sa responsabilité pour Operations, cet homme était seulement capable de gérer sa **position de pouvoir** en utilisant des **mesures coercitives**. Rossi n'était jamais marié avec un code d'éthique quelconque pendant la **direction d'Operations**. Les chances sont bonnes parce que le CEO n'avait pas changé son programme. Les statistiques du **rendement brut** pour l'année précédente qui menaient à la réunion étaient bonnes, mais les **bénéfices bruts** enregistraient une baisse.

« Quelque chose est pourri à l'état de Danemark », [remarque du rédacteur : est utilisé pour décrire la corruption ou une situation dans laquelle quelque chose ne cohére pas]. Abert réfléchissait. Mais ce n'était pas le Danemark. C'était vraisemblablement quelque chose ou quelqu'un à Mumbai où se trouvaient la plupart des usines de confection de l'entreprise.

Albert sentait une goute de sueur qui se formait à l'arrière de son cou. Il sentait d'un coup, juste dans cet instant la pression à laquelle il était soumis étant ici où il se trouvait. Sa loyauté envers l'entreprise vacillait. Quelque chose ne cohérait pas !

Deux incendies dans des usines de confection dans les sept derniers mois à Mumbai et une il y trois semaines à Manille avaient fait la une des médias partout dans le monde. Même si personne n'avait été blessé lors des incendies un dégât considérable a été causé sur les trois immeubles. L'entreprise ne devait pas uniquement **absorber** quelques examens critiques de leurs participations extérieures par la presse, mais aussi les **coûts fixes** montaient en flèche de l'autre côté. Les **immobilisations** avaient également à prendre quelques coups durs.

Quand cela se passait, Rossi était silencieux mais aussi évasif. Cadre supérieur comme Albert étaient dépendant de refuser des interviews de presse et de rester muet lors de discussions d'événements tristes. Encore plus curieux était pour Albert la demande d'en haut d'observer l'assemblée générale annuelle. Peut-être qu'au début de la journée, ça ne donnait pas de sens, mais maintenant il **connectait les points**.

Wiggins et ses réunions arrière-salle devaient avoir eu des effets. Quand il y a eu enfin l'appel pour l'assemblée générale annuelle, une déclaration avait lieu que le vote allait être retardé par quelques jours jusqu'à ce que les avocats de l'entreprise aient pu examiner une **attestation sous serment** qui leur était fournie par une source inconnue.

Albert n'était pas surpris. Il avait le soupçon depuis quelque temps. Il ne se sentait pas obligé de faire le rapport à ses contacts au **siège**. L'inscription était au mur et quelque chose lui disait qu'ils le savaient déjà.

ENGLISH

Someone is getting **Hung Out to Dry**

Negotiations lasted all afternoon and into the evening. **Representatives** from *Impulse* Corporation were applying brutal pressure on the **shareholders** at *Century Clothiers*. They were leaving **no stone unturned** in their efforts to convince members present of the urgent need to both challenge and remove management at their organisation.

"They need to be replaced. Incompetence is rampant. If you have any doubts look at the **financial statements** from last quarter. Damn, forget about last quarter, look at the whole year! **Business operations** are abysmal!"

The taller man of the three who had introduced himself as James Wiggins pulled a rumpled handkerchief from his suit pocket and patted his forehead. The other two men were never properly introduced, but some of John Albert's fellow shareholders from Century Clothiers thought they might be lawyers; either that or they were bodyguards. They were big men who remained expressionless during the entire meeting. John was looking at them carefully while Wiggins spoke. Lawyers he thought; their hands were too small.

John asked for a break in the proceedings. "Let's stop for dinner", he asked. He wondered to himself whether there was any desperation in his voice. He needed a coffee, but he knew it would turn into a stiff drink as soon as the elevator doors opened up onto the lobby floor.

The **annual general meeting (AGM)** had only met for a few hours this afternoon and already the mood in the room was dark. The Wiggins entourage were from the Impulse Corporation, a strong and powerful group of successful clothing companies who had been leading the market for years. One of the most powerful businesses in the **conglomerate** was Stitches, a denim jean manufacturer. They were likely spearheading this **procurement** bid. They had sharp teeth and enormous **assets** and they liked to use both.

Century Clothiers was an Asian garment and textile **manufacturing** company. The company **operated** much of South East Asia's garment **factories**. John Albert estimated the company owned close to forty percent of the world's clothing manufacturers most of which were located overseas.

John Albert held his sweaty hands tightly on his cell phone. While the elevator descended to the lobby he considered his immediate options. He had to act and quickly. He called his contact at Century Clothiers head office and asked for a **conference call**. By the time the elevator doors opened on the lobby floor, Albert was talking busily with a number of his colleagues.

"I'm telling you, it stinks of a **hostile takeover**. My suggestion to you is to get a **crisis management** team together immediately. You'll need to **assess** this situation properly if you want to be prepared to face this **buy-out** successfully. They are blaming poor **profits,** weak **leadership and** blind **vision.** They are challenging the **effectiveness** of management. It's on the **agenda** tonight and I'm thinking they have no interest in taking prisoners.

A whiny voice interrupted Albert. "There has been no indication from our **risk management** team that anything like this was about to happen!"

Albert was frustrated by now. "Maybe, they weren't paying attention", he barked.

The line went dead at the other end. Someone had lost a signal.

Dinner took longer than Albert expected. He gave up on the quick meal and ordered grilled cheese instead. He glared at the bartender before leaving.

"The owners might want to consider a **time management** study", Albert said. The bartender looked amused and was about to respond when he noticed Albert had already gone.

There was no time to waste. The AGM was about to resume. **Ballots** would be cast and **decisions** made. Hopefully, someone at head office would decide to act before it was too late.

Impulse was pushing its weight around. It would be interesting to see how his **fellow shareholders** handled the heat. As he opened the door to the meeting room he asked himself jokingly when the last **competitor analysis** might have been done on Impulse Corporation. No one answered back.

While everyone in the room was making their way back to their chairs, Albert mused about which individual in on the earlier conference call was now suffering from **procrastination**. He didn't need a **show of hands** on this one. It was probably the **staffer** with the whiny voice.

The Jury is out

The hotel lobby was awash with suits and name tags. The **shareholders** were standing around with nowhere to go. Albert, on the other hand, felt more grounded despite the sad turn of events. He headed for the hotel bar and ordered an espresso. He needed to remain alert.

While sitting by himself at a window table Albert noticed a large black car park in front of the hotel. The driver exited quickly and opened the back door as an older man pushed himself from his seat. The man was Rossi, CEO of Century Clothiers. Following behind him were two younger and much larger men who were unmistakably bodyguards.

It appeared that Rossi had his own spies in the hotel. Within minutes the three men were hovering over Albert's table like birds of prey.

"Albert, why were we not informed of this development earlier", said Rossi.

"Sorry, Albert quipped, but I didn't know anything about the **sworn affidavit** until the announcement at the meeting."

"Is that right?" Rossi barked. We will see who is to blame for this. I have a meeting slated for tomorrow. I'll let you know when. We have sent a request for the president of our Indian division to attend as well. Someone will pay."

Albert watched Rossi turn, retreat back into the lobby and then move towards the closest elevator. What did he mean by, "someone will pay?" It seemed like an odd choice of words given the sworn avadavat was still sealed. At this point no one knew the contents of the envelope with the exception of the sender.

The head of the Indian division was a woman by the name of Sharma: a delightful and educated woman from what Albert could remember. He had met her years ago when she managed one of the smaller factories in the region. As delightful as she was, Albert never imagined her to be a pushover. Tomorrow's meeting would prove interesting for all who attended.

Rossi roared into the assigned hotel meeting room like an angry school principal about to scold his students. Sharma had arrived a few minutes earlier than Albert and was seated quietly. She appeared calm. It was twenty-four hours later.

"Has anyone heard when the AGM is to reconvene?"

Albert answered promptly. "It won't be much longer. They are holding the shareholders here until the new paperwork is revealed."

Rossi looked perturbed. "So, can anyone here shed any light on why I am here and not at home where I should be?"

Sharma was the first to break the ice. "I can tell you Mr. Rossi, our people have done a thorough **assessment** for the last year and the most remarkable changes occurred following the three fires. A **negative cash flow** was indicated after the fires in Mumbai and Manila. **Cost of sales** in both centres were normal, but profits still took a beating. Our **earnings statement** for the last quarter showed some glowing irregularities. The discrepancies noted were sufficient to warrant a more detailed study."

Sharma continued her report referring to notes on occasion. Albert was leaning forward in his chair listening intently to her findings. Rossi was growing restless.

The Indian division of Century Clothiers had been doing surprisingly well over the last decade under Sharma's leadership. What had begun as a loosely organised group of poorly run garment shops blossomed wonderfully under her tutelage. Management was centralised, working conditions improved and workers provided a good living wage by Indian standards. Sharma and her management group singlehandedly carved out a **company culture** in her division which was envied by fellow managers in the international group.

Her division's operating performance had been **benchmarked** regularly with other divisions in the international group with positive outcome. The resulting **gap analysis** was invaluable in assessing the division's **performance**. **Executive Information Systems** were used regularly by the management team to support resource allocation, new strategies and priority decision making.

Rossi turned to Sharma angrily.

"So given your impressive performance record, what exactly shifted in the division operation to cause such a dramatic **impact** on business?" he asked. "Have you initiated an **impact evaluation** yet?"

Sharma wasn't going to be intimidated by the

old man. Rossi clearly had little respect for the woman and his misogyny was becoming obvious.

"An impact evaluation isn't necessary, Sir", she responded sarcastically. "Interestingly enough, our **internal investigation** revealed some activities by **company personnel** that instantly caught our attention. The insurance company enlisted to provide coverage for our **properties, equipment and materials** in our division was **terminated** a year prior to the fires. A new company was hired in its place and subsequent to the fires premiums skyrocketed on all properties. **Replacement funds** from the insurance company were **misappropriated** on the rebuilding projects on all three sites and the majority of funds were re-channeled to a **numbered account** in London. The numbered account consisted of several companies, one of which was the insurance company in question"

Rossi was about to interrupt when Albert rose to his feet.

"And the numbered account, Mr. Rossi, belongs to a Valerie Beckham, which, of course, is your wife's maiden name".

Sharma stood up at this point as well and searched the old man's face for some semblance of remorse. There was none. As the two employees of Century Clothiers walked towards the door, it opened. Outside in the lobby a district attorney was waiting for his turn.

Albert turned before leaving. "The Board of Directors will issue **governance** at this point in the proceedings."

"The young man waiting outside also has some other issues to discuss pertaining to arson and such...it seems your wife isn't interested in taking the fall on this one."

The Writing on the Wall

The room was buzzing with activity. The **shareholders** were heading back to their assigned chairs. An elderly banquet server with distinct mobility issues was manoeuvring poorly around the last stragglers entering the room. Albert watched the scene from his chair. **Affirmative Action practices** were something hotel management took seriously. **Ageism** was not being tolerated here. Bravo for them, he thought, but how long would it take the server to make his exit? There was a bottleneck developing at the doors and the meeting was only minutes away from starting.

"Someone should give that man a walker", one shareholder groaned. His companion rolled his eyes and nodded in agreement. Luckily, the old man had finally discovered a way out in the maze of shareholders and was now safely back in the kitchen. As the meeting was called to order, Albert thought about the CEO of Century Clothiers. Maybe, he was like the hotel server; just too old to do his job effectively. Albert wondered privately whether his boss should be assuming any responsibility for this impending crisis.

The CEO of Century Clothiers was a man in his mid-seventies. It wasn't particularly unusual to see a man of his age **at the helm** of a large corporation, but the man did have his share of detractors, even among his own ranks. He might have been at the helm but the question remained whether he was steering the ship in the right direction or just **lollygagging** in rough seas making himself and the company more vulnerable to predators.

Albert, a senior **manager** with the firm had worked under Rossi, the CEO for almost twenty years of his tenure. Rossi had worked his way up through the ranks over the many decades and was awarded his final position after retiring as Vice President of Operations. Albert recalled the year prior to Rossi's retirement had been disastrous for the company. In retrospect, the strict guidelines of the **Peter Principle** might have been overlooked in Rossi's case.

Performance indicators used to assess Rossi at his task were not always positive. Albert remembered while the man was in charge of **Operations**, the only way he knew how to manage from a **power position** was using **coercive power** methods. Rossi was never married to any code of **ethics** while **running Operations**. Chances are as CEO his game plan hadn't changed. **Gross revenue**

statisticsics for this last year, leading up to the meeting, were good but **Gross Profits** had dropped.

"Something is rotten in the state of Denmark," [Editor Note: used to describe corruption or a situation in which something is wrong]. Albert thought. But it wasn't Denmark at all. It was likely something or someone in Mumbai where the majority of the company's garment factories were located.

Albert felt a bead of perspiration forming at the back of his neck. He was suddenly feeling the pressure of being where he was at that precise moment in time. His **loyalty** to the company was wavering. Something was wrong!.

Two garment factory fires in the last seven months in Mumbai and one three weeks ago in Manila had made headlines across the globe. While no one was injured in the fires there was considerable property damage to the three buildings. Not only did the company have to **absorb** some critical reviews of their foreign holdings by the press, but **fixed costs** were skyrocketing on the other side of the world. **Fixed assets** were also taking some serious blows.

While all this was going on Rossi was both silent and elusive. Senior managers like Albert were instructed to refuse press interviews and remain mute on discussions pertaining to the sad events. Even stranger to Albert was the request from upstairs to monitor the AGM. He might not have been any the wiser at the beginning of the day, but now suddenly he was **connecting the dots.**

Wiggins and his backroom meetings must have made some impact. When the AGM was finally called to order it was announced that voting would be delayed for several days until company lawyers could examine a **sworn affidavit** provided to them by an unknown source.

Albert wasn't surprised. He had been harbouring suspicions for some time now. He didn't feel compelled to **report** back to his contacts at **head office**. The writing was on the wall and something told him they already knew.

Polyglot Planet Recommends:

**Learn French
Bilingual Book**
The Life of Cleopatra
from biLingOwl Books

**Learn French
Bilingual Book**
The Adventures of Julius Caesar
from biLingOwl Books

**Learn French
Bilingual Book**
Vercingetorix vs Caesar
The Battle of Gaul
from biLingOwl Books

**Learn French
Bilingual Book**
I am Spartacus
from biLingOwl Books

Learn French - Easy Listener Easy Reader

French Easy Reader - Easy Listener
Parallel Text
Audio Course
No. 1

French Easy Reader - Easy Listener
Parallel Text
Audio Course
No. 2

French Easy Reader - Easy Listener
Parallel Text
Audio Course
No. 3

Other Books part of the Learn French Parallel Text Series:

Learn French
Parallel Text
Easy Stories

Learn French II
Parallel Text
Easy Stories

Learn French III
Parallel Text
Short Stories
(Intermediate Level)

Learn French IV
Parallel Text
Easy Stories

All Rights Reserved
Print Edition
Copyright © 2016 Polyglot Planet
Text: Martina Nelli, David King, Andrew Wales, Maria Rodriguez
Editors: Michael Sullivans, Julia Schuhmacher,
Illustration: © khvost & Syda Productions (modified), ravennka / Fotolia.com
Website: www.polyglotplanet.ink
Email: polyglot@polyglotplanet.ink

Manufactured by Amazon.ca
Acheson, AB